Der Szientismus

Von

Professor D. Dr. Karl Holl

Berlin 1917
J. Guttentag, Verlagsbuchhandlung,
G. m. b. H.

Die Beachtung, die der Szientismus während des Berliner Prozesses vom Ende 1914 in der Öffentlichkeit gefunden hat, ist rasch wieder geschwunden. Wir haben jetzt im Krieg anderes zu denken und zu sorgen. Aber es wäre doch bedauerlich, wenn man die Bewegung darüber ganz aus dem Auge verlöre. Trügen bestimmte Anzeichen nicht, so hat der Krieg, der die innerlich Ungefestigten nach jedem Halt greifen heißt, die Zahl ihrer Anhänger eher vermehrt als vermindert. Zumal da in weiteren Kreisen weder das religiöse noch das rechtliche Urteil über den Szientismus vollkommen sichergestellt ist. Die Bekämpfung, die ihm zuteil wird, bleibt zumeist eindruckslos, weil sie an der edleren Seite des Szientismus wie absichtlich vorübergeht. Diese Verletzung des Gerechtigkeitsgefühls dient nur dazu, den Szientismus zu empfehlen. Aber auch die rechtliche Frage dürfte selbst mit der Entscheidung des Reichsgerichts noch nicht vollkommen abgeschlossen sein. Wer die sonstige Handhabung des Kurpfuschergesetzes in Betracht zieht, wird die Behandlung des Szientismus kaum als völlig billig empfinden.

Ich entspreche daher gern einer Aufforderung der Verlagsbuchhandlung, den von mir in der Zeitschr. f. d. gesamte Strafrechtswiss. B. 37 (1915/16) veröffentlichten Artikel hier noch einmal wiederzugeben. Mein Standpunkt hat sich in der Zwischenzeit nicht verändert. Anerkennende Zuschriften, die ich aus Szientistenkreisen erhalten habe, haben mir bestätigt, daß ich kein Zerrbild geliefert hatte. So habe ich mich auf kleine Abänderungen und Zusätze beschränken können[1]).

---

[1]) Von Schriften der Mrs. Eddy kommen hauptsächlich in Betracht: Das Hauptwerk Science and Health with key to the scriptures (von mir benützt in der Ausgabe Boston 1915), Miscellaneous Writings 1883—1896.

Die Stifterin oder wie sie sich selbst lieber nennt, die Entdeckerin der „Christlichen Wissenschaft" hat in ihren Schriften hinreichende Aufschlüsse darüber gegeben, wie sie zu ihrer eigenartigen Weltanschauung gekommen ist. Sie hat bei diesen Mitteilungen selbstverständlich ihr Leben im Blick auf das erreichte Ziel gestaltet; aber weit weniger gewaltsam, als dies etwa Henry Newman in der Apologia pro vita sua oder Sören Kierkegaard in der Abschließenden unwissenschaftlichen Nachschrift getan haben.

Geboren am 16. Juli 1821 in Bow bei Concord (NewHampshire), hat Mary Baker — so hieß sie ursprünglich — von Haus aus der kongregationalistischen Gemeinde angehört. In puritanischer Luft ist

---

Boston 1897, Retrospection and Inspection 1892, The first Church of Christ Scientist in Boston 1895, Messages to the Mother Church, Poems.— Von Schriften über sie und ihre Bewegung: Marc Twain, Christian Science. Leipzig, Tauchnitz, 1907; Georgine Milmine, The life of Mary Baker Eddy and the history of Christian Science. New-York 1909 (eine Sammlung von Anklagestoff; trotz der überall beigebrachten Beglaubigungen ist das Meiste sofort als Klatsch oder gehässige Nachrede erkennbar); Sibyl Wilbur, The Life of Mary Baker Eddy (die sozusagen amtliche Lebensbeschreibung; sehr geschickt abgefaßt).

Die deutsche Literatur besteht meist aus kleinen Aufsätzen und Schriften, die sich nur auf mäßiger Höhe halten: Chr. Thomassin, Christian Science. Christl. Welt 1901 (wertlos); O. Pfülf, Die neue amerikanische Gnosis, Stimmen ans Maria Laach 1905; M. Geiger, Süddeutsche Monatshefte 1909 = Zeitschr. f. Rel. Psychol. 1910 (steht ganz unter dem Bann jenes, in Mc Clure's Magazine zuerst gesammelten Anklagestoffs); Toni Harten-Höncke, Christl. Welt 1913 S. 1024ff. und Carola Barth Christl. Welt 1915 S. 958ff. u. 945ff. (höchst wertvoll, weil auf persönlicher Bekanntschaft mit Szientisten beruhend); A. Ruegg, Die Christian Science in biblischer Beleuchtung. Zweites Tauseud, 1915 (oberflächlich; vgl. S. 30: „Mrs. Eddy hat sich's gelegentlich viel kosten lassen, den Glauben an einen persönlichen Gott aus ihren Schülern auszurotten". S. 35: „Immer wieder stellt sie das Werk Jesu so dar, als habe es ganz und ausschließlich im Heilen bestanden". S. 37: „Die Szientistenheilungen sind nach ihrer eigenen Darstellung nichts anderes als Entfaltungen der Lebensenergie, die in dem Patienten vorhanden ist". S. 40: „Wir haben nichts zu tun, als uns das (sc. den Irrtum des sterblichen Geistes) vollständig klar zu machen, und wir sind befreit von Krankheit und Schmerzen". — Von alledem steht bei Mrs. Eddy das genaue Gegenteil zu lesen); Katharina Weber und Arthur Holitscher in der „Zukunft" 1915 u. 1916.

sie aufgewachsen und der Geist dieser Frömmigkeit hat sie zeitlebens beherrscht. Zusammen mit der von Jugend auf ihr anhaftenden Kränklichkeit bildet der Gottesglaube, wie sie ihn im Elternhaus in sich aufgenommen hatte, den Hebel für ihre innere Entwicklung.

Aus ihrer Kinderzeit hebt sie zwei für sie bedeutungsvolle Ereignisse hervor. Mit 8 Jahren habe sie häufig eine göttliche Stimme, ähnlich wie der junge Samuel, vernommen [2]). Darin zeigt sich (neben dem Einfluß der kongregationalistischen Erziehung) ein frühes Erwachen der Einbildungskraft. So stimmt dieser Zug mit dem andern von ihr erwähnten zusammen, daß ihr das Versemachen von früh auf etwas Natürliches gewesen sei [3]). Sie besaß tatsächlich, wie ihre Poems beweisen, eine gewisse dichterische Befähigung. — Für ihre Willensentwicklung ist der zweite Vorfall bezeichnend [4]). Wie sie mit zwölf Jahren konfirmiert werden soll, macht sie Umstände. Die Lehre von der Gnadenwahl bereitet ihr Anstoß. Lieber will sie mit ihren Brüdern und Schwestern zugleich verdammt sein, als allein die Seligkeit genießen. Und die Haltung des kleinen Mädchens macht solchen Eindruck auf den Pastor, daß er sie trotzdem in die Gemeinde aufnimmt. Bis 1879, bis zu dem Jahr, in dem sie selbst förmlich eine Kirche gründete, ist sie äußerlich Kongregationalistin geblieben.

Dann verläuft ihr Leben eine Zeitlang in den gewöhnlichen Bahnen. Sie war eine anziehende Erscheinung, verstand es auch immer, sich mit Geschmack zu kleiden; kein Wunder, daß sie mehrfach zur Ehe begehrt wurde. Im Jahr 1843 verheiratet sie sich zum ersten Male mit einem Geschäftsfreund ihres Bruders, dem Bauunternehmer

---

[2]) Retrospection S. 8. [3]) Retrospection S. 11.

[4]) Retrospection S. 13 ff. — Inwiefern es die Glaubwürdigkeit der ganzen Erzählung vernichten müßte, wenn sie laut den Kirchenbüchern erst mit 17 Jahren in die Gemeinde aufgenommen worden wäre, vermag ich nicht einzusehen. Eine Absicht, sich als frühreif herauszustreichen, ist nirgends in dem Bericht erkennbar. Wenn sie sich über ihr damaliges Alter getäuscht hätte, so wäre das bei der 71 jährigen nicht eben verwunderlich. Daß sie eine tiefgewurzelte Abneigung gegen die Lehre von der Gnadenwahl besaß, geht aus mehr als einer Stelle von Science and Health hervor.

G. W. Glover in Südkarolina, der jedoch schon nach einem Jahr am gelben Fieber starb. Neun Jahre später (1853) ging sie mit einem Zahnarzt Patterson eine neue Ehe ein.

In diesen Abschnitt fallen die für ihr inneres Leben entscheidenden Ereignisse. Über ihrem Verhältnis zu ihrem Gatten lag von Anfang an ein gewisser Schatten. Bei ihrem Entschluß war die Hoffnung mitbestimmend gewesen, ihr Kind aus erster Ehe, das die Familie einer Wärterin übergeben hatte, wieder zu sich nehmen zu können[5]). Das scheiterte jedoch an dem Widerstand des Mannes. Dazu macht ihr jetzt ihr nervöses Leiden zunehmend mehr zu schaffen. Sie versucht es auf verschiedene Weise: mit Allopathie, Homöopathie, Wasserkur, schließlich mit Magnetismus. Das Letztere wirkte. Ein gewisser Quimby brachte im Jahr 1862 eine überraschende Heilung bei ihr zustande. Daraus entwickelte sich ein Austausch zwischen ihr und Quimby, der sich auf die allgemeine Frage über das Wesen der Krankheit und ihre Heilung bezog. Sie war zweifellos durch Quimbys Verfahren angeregt und fühlte sich eine Zeitlang ganz als seine Anhängerin. Trotzdem hat sie sich später wohl mit Recht gegen die Nachrede[6]) gewehrt, daß sie ihren Grundgedanken von Quimby über-

---

[5]) Retrospection S. 20. — Das Bemühen, ihr aus allem einen Strick zu drehen, hat auch bei diesem Punkt eingesetzt. Sie soll sich nie recht um das Kind bekümmert haben. Aber was hätte sie, die auf den guten Willen ihrer Familie angewiesen war, gegen deren Verfügung viel machen können? Herzlos kann sie nicht gewesen sein. Sonst hätte sie es nicht gerade mit Kindern immer so gut verstanden.

[6]) Die Behauptung, daß sie sogar ihr ganzes Werk wörtlich aus Papieren dieses Quimby abgeschrieben habe, taucht zuerst in einem Prozeß auf, den sie im Jahr 1889 gegen einen ihrer Schüler wegen eines schamlosen Plagiats an Science and Health führte. Dort bringt der Beklagte sie zu seiner Entlastung vor. Seitdem bildet sie die hauptsächlichste Waffe in den Händen der Gegner. Das Urteil über die Frage ergibt sich aus zwei einfachen Überlegungen: 1. Wenn Mrs. Eddy unfähig gewesen sein soll, die von ihr vertretenen Gedanken selbständig hervorzubringen, war dann „Dr." Quimby wohl befähigter? Es ist fast belustigend zu sehen, wie Quimby, der von den Gegnern zunächst als halber Schwindler behandelt wird, auf einmal zu geistiger Bedeutung emporsteigt, sobald es sich um die Quimby-Manuskripte handelt. 2. Ist es Tatsache, daß Quimbys Sohn nicht dazu zu bringen war,

nommen hätte. Was sie mit Quimby verband, war die Überzeugung, daß alle Krankheit letztlich im Gemüt wurzle und die Heilung daher durch seelische Beeinflussung bewirkt werden müsse. Aber geschieden war sie von Quimby, und zwar von Anfang an, durch ihren ernsthaften puritanischen Gottesglauben.

Gerade in der Richtung, die ihre Gedanken von hier aus nahmen, ist sie weitergeschoben worden durch ein Erlebnis vom Februar 1866. Sie hatte sich durch einen Sturz bei Glatteis schwere, wie man fürchtete auch innere Verletzungen zugezogen[7]). Vom Arzt aufgegeben, verlangt sie nach der Bibel. Ihr Blick fällt auf Matth. 9, 2. An dem Wort steht sie auf, in jedem Sinn. Sie kann sich allein erheben und anziehen, und fühlt sich wohler denn je zuvor.

Das wurde für sie eine neuer Ausgangspunkt[8]). Fest stand ihr, daß sie ein Gotteswunder erlebt habe. Aber es beschäftigt sie, wie das Wunder zustande gekommen sei. Sie war zunächst nicht geneigt, alle ärztlichen Mittel neben der Gotteswirkung auszuschließen[9]). Sie vertieft sich darum jetzt erst recht in medizinische, hauptsächlich homöopatische Forschungen. Aber eben die Homöopathie bringt sie auf den Gedanken, daß in der Arznei als solcher keine wirkende Kraft enthalten sei. Es war für sie eine Entdeckung, als sie feststellte, daß ein homöopathisches Mittel, soweit verdünnt, daß überhaupt nichts von Arznei mehr übrig blieb, trotzdem Heilung bei einem Fall von Typhus bewirkte[10]). Daraus schloß sie, daß niemals die Arznei als solche, sondern immer nur der Glaube des Patienten

---

die eigentlich entscheidenden, d. h. die von seinem Vater selbst geschriebenen Stücke zu veröffentlichen oder auch nur jemand zu zeigen (S. Wilbur S. 102). — Es sollte auf jedermand Eindruck machen, daß Mark Twain, der seine Amerikaner kannte, auf diesen Punkt kein großes Gewicht gelegt hat, S. 223ff.

[7]) Vgl. den Bericht des Lynn Reporter über den Vorfall bei Wilbur S. 127.

[8]) Retrospection S. 24; Science and Health S. VIII 27; Miscell. Writings S. 35, 179f.

[9]) Science and Health S. 15, 66ff.

[10]) Science and Health S. 152, 24ff.

den Erfolg herbeiführt. Dem kam von der andern Seite der Eindruck entgegen, den sie aus erneutem Bibelstudium empfing: Jesus hat sich bei seinen Heilungen keinerlei ärztlicher Mittel bedient, und er hat seinen Jüngern ausdrücklich verheißen, daß sie dieselben Zeichen wie er sollten vollbringen können. Beides vereinigt sich ihr zu der Überzeugung, daß eine Heilung in allen Fällen durch unmittelbare göttliche Einwirkung mit Ausschluß aller stofflichen Mittel erwartet werden dürfe. Das bedeutete für sie zugleich einen sich immer verschärfenden Gegensatz zum Magnetismus.

Sie hatte in dieser Zeit Gelegenheit, ihre Überzeugungstreue auch durch die Tat zu bewähren. Ihr Mann ließ sie einer andern zuliebe im Stich; sie verklagte ihn deshalb und führte im Jahr 1871 die Scheidung herbei. Aber sie selbst stand nun fast mittellos da. In dieser Bedrängnis hätte sie Unterstützung bei ihren Verwandten finden können. Ihre Schwester war bereit, sie bei sich aufzunehmen; doch unter der Bedingung, daß sie den Gemeindegottesdienst besuchte und auf ihre Sondermeinungen verzichtete[11]. Sie zog es vor, sich kümmerlich durchs Leben durchzuschlagen, um ihrem inneren Ruf folgen zu können.

Es erinnert nun an den Stifter des Jesuitenordens, mit dem sie auch sonst mehr als einen Zug gemeinsam hat[12], daß sie sofort, ehe sie noch mit sich selbst vollkommen fertig ist, mit der Lehrtätigkeit an andern beginnt. Schon im Jahr 1867 eröffnete sie in Lynn (Massachusetts) eine Schule, allerdings zunächst mit nur einem Schüler[13]. Daneben wirkt sie im Kreis ihrer Bekannten durch Aufzeichnungen über Bibelstellen, die sie handschriftlich verbreitet. So kommt sie, lehrend und lernend dazu, ihren Grundgedanken zu einer förmlichen Weltanschauung auszugestalten. Eine (zunächst nicht

---

11) Vgl. den höchst bezeichnenden Brief der Schwester bei Wilbur S. 139.

12) Auch an Mary Ward, die Stifterin der Englischen Fräulein, sieht man sich vielfach durch sie erinnert.

13) Science and Health S. XI 30.

veröffentlichte) Abhandlung vom Jahr 1870 war der erste Versuch einer Niederschrift[14]). Fünf Jahre später trat sie mit ihrem großen Werk Science and Health hervor.

Das Buch ist im Jahr 1891 noch einmal von ihr durchgesehen und in dieser Gestalt zum kanonischen Buch des Szientismus erklärt worden. Sie bezeichnete es selbst göttlich inspiriert[15]) und verbot damit jeden weiteren Fortschritt darüber hinaus. Nur zu dem Zugeständnis hat sie sich in ihrem Todesjahr (1910) herbeigelassen, daß eine — übrigens höchst schülerhaft gefertigte[16]) — deutsche Übersetzung veröffentlicht wurde. Doch soll diese nur neben dem englischen Text gedruckt und benutzt werden. Also, um den naheliegenden Vergleich anzuwenden, die Vulgata gilt hier nur in Verbindung mit dem Urtext.

Science and Health ist kein schulmäßig ausgearbeitetes Lehrbuch. Das Werk besteht aus einer Anzahl lose aneinandergereihter Abhandlungen und leidet darum unter all den Mängeln, die sich aus dieser Form oder richtiger Formlosigkeit ergeben: unendlich viele Wiederholungen auf der einen, sprunghafter Vortrag auf der andern Seite. Daneben beeinträchtigt der lehrhafte Zweck die Darstellung stark; ein trockener Ton herrscht vor, nur selten spürt man etwas von der dichterischen Gabe der Verfasserin. Trotzdem, was sie im ganzen sagen will, kommt rund und deutlich heraus[17]).

---

[14]) Science and Health S. 465, 1ff.

[15]) Science and Health, Vorwort der englich-deutschen Ausgabe S. II. — Der darin liegende Anspruch wird immerhin dadurch etwas gemildert, daß sie jedem fortgeschrittenen Gläubigen eine prophetische Gabe zuerkennt (Science and Health S. 84, 11ff.)

[16]) Die starken Mängel dieser Übersetzung werden jetzt auch in deutschen szientistischen Kreisen anerkannt, vgl. Marie Schön, Aufschlüsse über das Lehrbuch der Christlichen Wissenschaft 1914. Es ist jedoch sehr lehrreich, daß es den deutschen Mitgliedern offenbar sehr schwer fällt, gegenüber dem kindlichen Anspruch, Englisch sei die Weltsprache, in Amerika durchzudringen.

[17]) Mark Twain hat den Nachweis versucht, daß Mrs. Eddy den Kern von Science and Health unmöglich selbst geschrieben haben könne. Er nimmt ihren Stil unter die Lupe und findet da einen unerklärlichen Gegensatz

Die Grundlage bildet eine vom Gottesbegriff ausgehende, in festen Strichen entworfene Metaphysik.

Gott ist Geist[18]) und als Geist Leben und Wirklichkeit. Alle Begrenzung, vollends alle Körperlichkeit ist schlechthin bei ihm ausgeschlossen. Nur mit diesem Vorbehalt, dann aber auch mit voller Zuversicht, ist der Ausdruck Persönlichkeit auf ihn anzuwenden[19]).

---

zwischen dem sicher von ihr Herrührenden (Vorrede von Science and Health, Misc. Writings, Poems und die 40 ersten Seiten von Retrospection and Introspection) und anderen Teilen ihrer Werke (Science and Health, die letzten 80 Seiten von Retrospection and introspection). Im einen nichts als Sprachschnitzer, unglückliche Bilder, falsch verwendete Ausdrücke, im andern ein fließendes, ja anmutiges Englisch. Hier müsse ein zweite Feder tätig gewesen sein. Darauf ist dann die Vermutung gegründet worden, daß ein emeritierter unitarischer Geistlicher, J. H. Wiggin, der in Boston vielfach zur Durchsicht von Manuskripten beigezogen wurde und diese Arbeit tatsächlich auch für die 2. Aufl. von Science and Health übernahm, der eigentliche Verfasser des Werks gewesen sei.— Es ist nun für einen Nichtamerikaner schwer, mit Mark Twain über seine Muttersprache zu streiten. Aber soviel glaube ich doch sagen zu dürfen: Das Verfahren, das Mark Twain gegenüber Mrs. Eddy einschlägt, ähnelt verzweifelt der Art, wie Nietzsche den Stil von D. Fr. Strauß zerpflückt hat — ein lehrreiches Beispiel dafür, wieviel Sprachverstöße man bei gutem Willen auch einem glänzenden Schriftsteller nachweisen kann. Hätte Mrs. Eddy Science and Health nicht selbst geschrieben, so müßte sie das Buch auswendig gelernt haben. Sie wiederholt ja das dort Gesagte immer und ewig, und — wenigstens für mein Gefühl — auch immer in den gleichen Ausdrücken. Aber selbst wenn der von Mark Twain behauptete Unterschied tatsächlich bestünde, sollte Mark Twain nie ein Mensch vorgekommen sein, der als Erzähler nur stockend und unbehilflich sprach, aber auf einmal beredt wurde, wenn er eine Fachangelegenheit auseinandersetzte? — Der Hinweis auf Wiggin erledigt sich einfach dadurch, daß Wiggin selbst, obgleich er Mrs. Eddy persönlich nichts weniger als wohl wollte, nie das Verdienst für sich in Anspruch nahm, Science and Health geschrieben zu haben.

[18]) Als gleichwertig mit Spirit gebraucht Mrs. Eddy das Wort Mind. Die Deutsche Übersetzung gibt das mit „Gemüt" wieder und sucht diese Übertragung (Vorrede S. III ff.) sprachgeschichtlich zu rechtfertigen. Allein „Gemüt" enthält für uns einen Nebenklang, der in Mind nicht liegt. Ich vermeide darum das Wort nach Kräften.

[19]) Science and Health S. 116, 28 ff. (wo im folgenden nur die Zahl angegeben ist, beziehen sich die Anführungen immer auf Science and Health).— Daß sie die Persönlichkeit Gottes unbedingt festhalten will, hat Mrs. Eddy namentlich in Christian Science versus Pantheism (aufgenommen in den Messages to the Mother Church) nachdrücklich bekräftigt.

Es liegt nun in der Natur des Geistes, daß er sich selbst offenbart; sonst bliebe er unausgedrückt, ohne Zeugen und Beweis seines eigenen Wesens[20]. Aber was er hervorbringt, kann selbst nur wieder geistiger Art sein. Nicht nur der Mensch, die ganze Schöpfung, sowie sie wirklich von Gott herstammt, ist eine Wiederspiegelung seines geistigen Wesens[21]. Nur eine Wiederspiegelung! Den der Unterschied zwischen Schöpfer und Geschöpf soll nicht verwischt werden[22]: auch der Mensch ist wohl geistig, aber nicht „Geist"[23]. Aber als sein Gleichnis ist der Mensch und die Schöpfung auch niemals von Gott getrennt zu denken[24]. Gott ist ununterbrochen in seiner Welt gegenwärtig. So ist er Alles in Allem.

Die Kehrseite zu diesen Sätzen bildet die Behauptung, daß der Materie keine Wirklichkeit zukommt. Ist Gott der[25] Geist und ist der Geist das einzig Wirkliche, so kann die Materie nur einen Schein darstellen. Es ist ebenso undenkbar, daß sie von Gott geschaffen wäre, wie daß sie eigenes Leben in sich enthielte. Im ersten Fall ergäbe sich der Widersinn, daß der Geist durch sein Gegenteil, Vollkommenheit durch Unvollkommenheit offenbar würde[26]; im zweiten wäre Gott tatsächlich aus seiner Schöpfung ausgeschaltet[27]. Es gibt zwar ein All auch außerhalb des Menschen. Aber dieses All besteht aus Kräften[28] und diese Kräfte sind in Wahrheit Gedanken[29]. Auch die Naturgesetze, soweit sie überhaupt diesen Namen verdienen, sind nichts anderes als Gesetze des Geistes[30].

Wie die Materie selbst, so löst sich auch alles, was mit ihr

---

[20] S. 303, 30; 306, 13. [21] S. 205, 22; 295, 6; 468, 28.

[22] Gegen den Pantheismus hat sich Mrs. Eddy überall aufs Entschiedenste gewendet.

[23] S. 93, 25ff.

[24] S. 259, 4.

[25] Was ich durch den betonten Artikel ausdrücke, deutet Mrs. Eddy dadurch an, daß sie die Worte Spirit, Mind, Life, Love, Truth ständig groß schreibt.

[26] S. 72, 20. [27] S. 27, 21; 119, 12. [28] S. 124, 33.

[29] S. 123, 15; 124, 32; 293, 7ff. [30] S. 183, 19ff.

zusammenhängt, in Schein auf. Sünde, Krankheit, Übel, Tod sind keine Wirklichkeiten. Bibel und richtiges Denken bezeugen es übereinstimmend, daß Gott die Welt und den Menschen vollkommen geschaffen habe. Die Bibel sagt ausdrücklich, daß das Werk Gottes fertig war und daß es gut war[31]). Sie nennt den Menschen Gottes Ebenbild. Das bedeutet, daß er vollkommen war, ist und stets sein wird[32]). Das Gegenteil wäre eine Ungereimtheit. Hätte Gott den Menschen teils gut teils böse geschaffen, so müßte der Mensch auch so bleiben. Was vermöchte denn Gottes Werk zu verbessern[33])? Ganz dasselbe gilt von der Krankheit und vom Übel. „Wenn Gott den Menschen krank macht, dann muß Krankheit etwas Gutes sein und ihr Gegenteil, die Gesundheit, ein Übel. Dann ist es richtig, krank zu sein, und wir könnten nicht, wenn wir wollten, und sollten nicht, wenn wir könnten, die Verfügungen der göttlichen Weisheit aufheben[34])." Aber all das sind Undenkbarkeiten. Gott ist ebenso unfähig, Sünde, Krankheit und Tod zu erzeugen, wie er unfähig ist, diese Irrtümer an sich selbst zu erfahren[35]). Gott muß ewig mit sich und mit seiner Schöpfung im Einklang bleiben. Sonst wäre er nicht der Vollkommene und nicht Alles in Allem.

Aber was bedeuten dann Körperlichkeit, Sünde, Krankheit, Tod die doch tatsächlich den Menschen quälen? Sie sind in Wahrheit nur Trug und Mißverständnis auf seiten des Menschen; vorhanden nur für sein Bewußtsein, nicht als Wirklichkeit. Wie es zu diesen Wahngebilden kam, deutet Mrs. Eddy in allegorischer Verwertung des Schöpfungsberichts an. Sie weist auf den Adamtraum (d. h. den tiefen Schlaf Adams vor der Schöpfung des Weibes) als die Ursache all dieser Täuschung hin[36]). Ohne Bild soll das heißen, daß das Böse und alles weitere Übel aus einem — zunächst absichtslosen und unbewußten — Vergessen Gottes entsprang[37]). Denn

---

31) S. 206, 26. 32) S. 200, 18. 33) S. 167, 18
34) S. 229, 26. 35) S. 356, 22. 36) S. 306, 37.
37) S. 188, 5.

dieses Vergessen Gottes führte zu der irrigen Meinung, daß das All etwas Selbsttätiges und Selbstlebendes wäre. Daraus ergab sich aber sofort eine Vergröberung des ganzen Sinnes: das „sterbliche Gemüt" in ihrer Sprache ausgedrückt. „Der Mensch sieht, was er glaubt; ebenso gewiß wie er glaubt, was er sieht. Er fühlt, hört und sieht seine eigenen Gedanken"[38]). Glaubt er an eine wirkliche, selbsttätige Materie, so nimmt er sie auch mit seinen Sinnen wahr. Die weitere Folge war denn das Versinken in Sinnenlust und Sinnengenuß[39]). — Auch die Krankheit geht auf dieselbe Quelle zurück. Denn das Vergessen Gottes bewirkt die Furcht. Die Furcht aber ist die Grundlage aller Krankheit[40]), ja eigentlich die Krankheit selbst. Der Mensch meint krank werden zu müssen, darum wird er krank. Die Furcht erzeugt durch Gedankenverbindung ein bestimmtes Krankheitsbild, und dieses schlägt sich dann äußerlich im Körper nieder[41]). „Du behauptest, ein Geschwür sei schmerzhaft; aber das ist unmöglich, denn die Materie ohne Gemüt ist nicht schmerzhaft. Das Geschwür offenbart durch Entzündung und Schwellung einfach eine Annahme von Schmerz, und diese Annahme wird Geschwür genannt"[42]). Derartige falsche Annahmen werden dem heutigen Menschen schon durch die Erziehung angewöhnt, sie werden gefördert durch die Krankheitsschilderungen der Ärzte und der Presse, durch die Tätigkeit der Ärzte selbst und den Einfluß der Erwachsenen auf die Kinder. So ist das stets wachsende Heer von Krankheiten entstanden.

Nachdrücklich hebt nun aber Mrs. Eddy hervor, daß von alledem der eigentliche, der geistige Mensch nicht berührt wird. Das Ebendbild Gottes ist nicht verloren gegangen[43]). Es konnte nicht verloren gehen oder zerstört werden. Denn Gottes Werk ist ewig und das Böse ist keine wirkliche Wesenheit. Das Böse ist „unwirklich, weil es die Abwesenheit von Gott, dem Allmächtigen und All-

---

[38]) S. 86, 34; 293, 7ff. [39]) S. 38, 29. [40]) S. 377, 30; 493, 25. [41]) S. 154, 3. [42]) 153, 18. [43]) S. 171, 10.

gegenwärtigen, voraussetzt" [44]). „Die einzige Macht des Bösen ist die der Selbstzerstörung. Niemals kann es auch nur ein Jota vom Guten zerstören" [45]). Noch weniger kann das Übel dem Ebenbild etwas anhaben. „Nimm die Furcht hinweg, so ist zugleich auch der Krankheit der Boden entzogen." Hinter all jenen Trugbildern besteht also in jedem Einzelnen der wahre, der ewige, der geistige Mensch noch fort. Er ist nur wie in einen Nebel gehüllt [46]), nur aus dem Bewußtsein entschwunden.

Das finstere Gewölk, das sich infolge dieser falschen Annahmen über der Menschheit gelagert hatte, ist durch Jesus zerrissen worden. Er hat durch Wort und Tat die Wahrheit über Gott und die Wirklichkeit wieder ans Licht gebracht. Er ist nicht Gott gewesen: wie könnte der Unendliche ins Endliche eingehen? Er hat auch nicht Gott mit den Menschen versöhnt; denn das göttliche Prinzip Christi ist Gott, und wie kann Gott sich mit sich selbst aussöhnen? [47]) Aber er war die Verkörperung der Wahrheit [48]). Seine Wunder, seine Auferstehung und Himmelfahrt haben die wahre Wirklichkeit und das Einssein des Menschen mit dem Vater den Menschen wieder augenscheinlich gemacht [49]).

Diese Botschaft Jesu ist jedoch in den bestehenden Kirchen verkürzt worden. Sie behielten davon nur das eine, den Kampf Jesu gegen die Sünde, während sie den gegen Krankheit und Tod unterschlugen [50]). Zugleich bauten sie eine Erlösungslehre aus, die darauf hinauslief, daß man sich an die Person Jesu klammerte, statt an die in ihm wirkende Kraft [51]). Aber Jesus hat *Nachfolger* gewollt; Nachfolger, die ihm auf *allen* seinen Wegen nacheifern und nach seinem ausdrücklichen Wort auch seine großen Werke nachtun sollten [52]). Sein Befehl an seine Jünger, Kranke zu heilen, gilt heute noch so gut wie ehedem [53]).

---

44) S. 186, 12. 45) S. 186, 20. 46) S. 315, 19 ff.
47) S. 18, 18. 48) S. 350, 28 ff.
49) S. 43, 4; 45, 31; 46, 30. 50) S. 42, 16 ff.
51) S. 146, 17. 52) 37, 17. 53) S. 138, 23.

Von da aus kommt Mrs. Eddy dazu, die ihr zuteil gewordene Erfahrung als einen göttlichen Auftrag zu verstehen. Sie fühlt sich berufen, die in Schlaf versunkene Christenheit aufzurütteln und das ursprüngliche, das ganze Evangelium wiederherzustellen[54]).

Sie hat — das muß man ihr zugestehen — ihre Aufgabe nicht oberflächlich erfaßt. Sie meint nicht, daß es sich einfach darum handelte, den Leuten zu sagen: Sünde ist keine Wirklichkeit und Krankheit auch nicht; also braucht ihr euch weder ums eine noch ums andere zu sorgen[55]).

Allerdings ist sie von dem Bewußtsein durchdrungen, daß das, was sie vorträgt, christliche Wissenschaft ist: nicht eine auf blinden Glauben anzunehmende, sondern eine auf Denken und Erfahrungstatsachen sich gründende Überzeugung. „Die Zeit für Denker ist gekommen", „Unwissenheit über Gott ist nicht mehr der Schrittstein zum Glauben", ruft sie fast begeistert aus[56]). Aber sie prägt es daneben mit allem Nachdruck ein, daß die Erkenntnis, die sie meint, zugleich ein sittliches Ziel ist. Niemand darf hoffen, den Übergang vom Irrtum zur Wahrheit mit einem einzigen Sprung zu vollziehen[57]). „Wer die Höhen der christlichen Wissenschaft erreichen will, muß im Gehorsam gegen ihr göttliches Prinzip leben"[58]). „Wir erfahren Leben in der göttlichen Wissenschaft nur insoweit, als wir uns in unserem Leben über den körperlichen Sinn stellen und ihn berichtigen"[59]).

Eben deshalb kann sie auch betonen, daß für sie so gut wie für die übrige Christenheit die Heilungen nicht das Wichtigste im Christentum seien. Sie unterstreicht in der Schriftstelle, die sie so oft im Munde führt (Marc. 16, 17: von den beifolgenden Zeichen), das Wort „beifolgende". „Diese Zeichen geschehen nur, um den göttlichen Ursprung dieses Heilens zu demonstrieren; um die Wirklichkeit der höheren Mission der Christuskraft, die Sünde der

[54]) S. IX 26; 38, 8. [55]) S. 447, 24; 460, 27.
[56]) S. VIII 16, 20; vgl. 23, 19; 25ff. [57]) S. 77, 3.
[58]) S. VIII 3. [59]) S. 167, 7ff.

Welt wegzunehmen, zu bekunden[60]). Als die Hauptsache gilt auch ihr der Kampf gegen die Sünde; die Heilungen sind nur etwas Begleitendes, freilich trotzdem Unerläßliches.

Aber auch davon will sie nichts wissen, daß bei diesem Kampf die natürliche menschliche Willenskraft zuhilfe gerufen wird. In der menschlichen Willenskraft als solcher sieht sie nur etwas mit der Körperlichkeit Zusammenhängendes, etwas Tierisches, und darum eher Schädliches[61]).

Vielmehr führt auch nach ihr der richtige Weg von oben nach unten. Davon hängt alles ab, daß dem Menschen zunächst das wahre Bild Gottes aufgeht, daß ihn ein Lichtstrahl trifft — sei es mittelbar, sei es unmittelbar, sei es durch Wort oder Tat eines andern —, der ihm das wirkliche Sein enthüllt[62]). In einem solchen Augenblick, wo er Gott als Geist erkennt, empfindet dann der Mensch zugleich seine eigene Zugehörigkeit zu ihm und sein ewiges Einssein mit Gott. Und damit ist er sofort auch — grundsätzlich — von seiner Selbstsucht gelöst. Denn Selbstsucht entsteht immer daraus, daß der Mensch an viele herrschende Geister glaubt. Sobald er weiß, daß es nur einen einzigen Geist gibt, fühlt er sich auch mit allen andern als seinen Brüdern unter ihm zusammengeschlossen[63])

Aber wenn jene Erleuchtung erfolgt ist — Mrs. Eddy scheut sich nicht, darauf den Ausdruck Wiedergeburt anzuwenden —, dann gilt es, die gewonnene Richtung auf das Geistige festzuhalten. „Schau vom Körper hinweg und in Wahrheit und Liebe hinein, das Prinzip alles Glücks, aller Harmonie und Unsterblichkeit. Halte den Gedanken beständig auf das Dauernde, das Gute und Wahre gerichtet, dann wirst du das Dauernde, das Gute und Wahre in dem Verhältnis erleben, wie es deine Gedanken beschäftigt“[64]). Der Mensch steht jetzt vor der Aufgabe, alle die falschen Annahmen über Körperlichkeit, Sünde, Krankheit, Tod bei sich aufzulösen. Dazu bedarf

[60]) S. 150, 11ff. [61]) S. 144, 17ff.; vgl. 206, 12; 445, 24. [62]) S. 205, 17ff. [63]) S. 205, 27ff. [64]) S. 261, 2ff.

es aber einer ununterbrochenen Arbeit an sich selbst, einer ständigen Wachsamkeit, Selbstzusammenfassung, Läuterung [65]). Das nennt Mrs. Eddy gern „Christus das Kreuz im täglichen Leben nachtragen“ [66]).

Den Höhepunkt und zugleich das vornehmste Mittel hierzu bildet das Gebet. Das Gebet freilich so wie sie es versteht. Denn an dieser Stelle zeigt sich Mrs. Eddy ganz als Puritanerin, ja sie geht über den Puritanismus hinaus zum Quäkertum weiter [67]). Sie ist abgesagte Gegnerin jeder Art von Gottesdienst, die nur von ferne an „Materialisierung“ erinnert [68]). Schon gegen jedes hörbare Gebet hat sie die stärksten Bedenken; sie fürchtet dahinter Beifallssucht und Selbstbespiegelung [69]). Das wahre Gebet ist ein schweigendes Sichversenken in Gott, ein Empfinden von Gottes Allgegenwart und Liebe. „Die Lippen müssen verstummen, auf daß der Mensch beim Geist Gehör finde, bei dem göttlichen Prinzip, der Liebe, die allen Irrtum zerstört“ [70]). Aber darum doch kein gestaltloses Träumen, kein Versinken in Gott, bei dem das menschliche Ich unterginge [71]). Nur das Gebet gilt ihr als aufrichtig, das den Entschluß, demgemäß zu leben, in sich trägt [72]). Das Ich bleibt erhalten und der Sinn des Gebets ist, den eigenen Willen mit Gott in Einklang zu bringen [73]).

Auf dieser Höhe sinkt für den Menschen das Böse in sein Nichts zusammen. Hier entschwindet aber auch die Furcht, die die sogenannte Krankheit erregt. Denn die göttliche Liebe treibt alle Furcht aus. Wenn der Mensch dem göttlichen Geist untertan ist, kann er nicht von Sünde und Tod beherrscht werden [74]).

Die richtige Folgerung daraus wäre nun, daß jeder einzelne sich immer selbst heilte. Das erkennt Mrs. Eddy auch an, aber

---

[65]) S. 239, 18. [66]) S. 15, 20; 178, 39 ff.

[67]) Im Jahr 1866 hat Mrs. Eddy viel in einer Quäkerfamilie verkehrt, in der das silent prayer regelmäßiger Brauch war (Wilbur S. 145).

[68]) S. 4, 32. [69]) S. 7, 8 ff. [70]) S. 15, 11 ff. [71]) 259, 1 ff.

[72]) S. 9, 9 ff. [73]) S. 2, 16. [74]) S. 125, 20.

nur als eine Hoffnung für die Zukunft. Für die Gegenwart trägt sie den tatsächlichen Verhältnissen, d. h. den Unterschieden der Erkenntnis und der wechselnden Stimmung der einzelnen soweit Rechnung, daß sie einen berufsmäßigen Stand von Heilern für notwendig erklärt.

Es versteht sich jedoch nach allem Bisherigen von selbst, daß sie auch diesen Heilern, ja ihnen erst recht, den Gebrauch von Arzneien streng verbietet, um sie ausschließlich auf ihre geistigen Fähigkeiten zu verweisen. Niemand kann zwei Herren dienen: entweder gilt es, auf Gott oder auf die Materie sich zu verlassen[75]). Das Letztere ist tatsächlich — die gute Absicht der Ärzte hat sie immer anerkannt — antichristlich[76]), eine Versündigung wider das erste Gebot. Auch das Beschreiben von Krankheiten — ihren Symptomen, ihrem Sitz und ihrer Tödlichkeit — entspricht nicht dem Geist der christlichen Wissenschaft[77]).

Aber was hiemit etwa ausfällt, meint sie reichlich auf anderem Weg ersetzen zu können. Wenn alle Krankheit im Gemüt wurzelt, so besteht die erste Aufgabe des Heilers darin, die Gedankenbilder wahrzunehmen, die den Leidenden heimlich beherrschen. Mrs. Eddy ist davon überzeugt, daß dies möglich ist. „Wenn die Menschen genügend in der Wissenschaft vorgeschritten sind, um mit der Wahrheit des Seins in Harmonie zu sein, werden sie unwillkürlich Seher und Propheten“[78]). So vermögen sie auch das Gemüt des Kranken zu lesen. „Sie bilden (jene Gedankenbilder) nach oder bringen sie von neuem hervor, selbst wenn sie dem Gedächtnis des Gemüts, in dem man sie entdecken kann, verloren gegangen sind“[79]). Mrs. Eddy beruft sich dafür auf ihre eigene Erfahrung. „Ich habe Krankheit in dem menschlichen Gemüt wahrgenommen und des Patienten Furcht vor ihr erkannt, monatelang ehe die sogenannte Krankheit am Körper in die Erscheinung trat“[80]). Dieses Gemütslesen soll

[75]) S. 167, 13ff. [76]) S. 169, 35. [77]) S. 79, 1ff.
[78]) S. 84, 19ff. [79]) S. 87, 1ff. [80]) S. 168, 28ff.

jedoch etwas ganz anderes sein als Hellsehen. Hellsehen sei etwas rein menschlich Bedingtes, sittlich Zweifelhaftes[81]). Das Gemütslesen dagegen hat die Einigung mit Gott zur Voraussetzung[82]). Wer sie erreicht hat, betrachtet die Dinge von oben; er sieht gewissermaßen mit den Augen Gottes und scheidet nach dem göttlichen Maßstab die Gedanken der Kranken. Kein Irrtum irgendwelcher Art kann sich vor dem Gesetz Gottes verbergen[83]). Es bedeutet dabei nichts, ob die Betreffenden anwesend sind oder nicht. Denn Entfernung ist kein Hindernis für den Geist[84]). „Obgleich Körper meilenweit voneinander entfernt und ihre Assoziationen in Vergessenheit geraten sind, fluten doch die Assoziationen durch die allgemeine Atmosphäre des menschlichen Gemüts“[85]).

Wie das Gemütslesen an Stelle der Diagnose, so tritt das Gebet an Stelle der ärztlichen Mittel. Das Gebet darf um so zuversichtlicher erfolgen, weil es sich nicht darum handelt, von Gott erst etwas herauszuzwingen. „Sollten wir das göttliche Prinzip aller Güte bitten, seine Arbeit zu tun? Seine Arbeit ist getan und wir brauchen uns die Regel Gottes nur zunutze zu machen“[86]). Einen körperlich vorgestellten Gott mag man darum anflehen, daß er Kranke nach seiner persönlichen Willkür heilt[87]). Wer Gott als Geist und Güte kennt, der weiß, daß nicht nur der Wille zu heilen bei ihm immer schon vorhanden, sondern auch die Heilung selbst eigentlich schon vollzogen ist. Der Sinn des Gebets ist nur, das Verständnis für dieses Werk Gottes zu gewinnen und es in dem Kranken anzuregen.

So lautet die Anweisung an den Heiler einfach: „Vergegenwärtige dir die Anwesenheit der Gesundheit und die Tatsache des harmonischen Seins, bis der Körper dem normalen Zustand von Gesundheit und Harmonie entspricht“[88]). Der Heiler bildet also in seinem Denken den gesunden Zustand vor und führt ihn dadurch

---

81) S. 85, 2ff. 82) S. 94, 36ff. 83) S. 95, 10ff.
84) S. 179, 6. 85) S. 87, 9ff. 86) S. 3, 9.
87) S. 167, 1ff. 88) S. 412, 29.

bei dem Kranken herbei. Ausdrücklich warnt Mrs. Eddy jedoch den Heiler davor, von seiner natürlichen menschlichen Willenskraft Gebrauch zu machen[89]). Er soll nicht als Mensch durch seinen Willen den des andern wecken und stärken, sondern nur dem göttlichen Wirken bei dem Kranken die Bahn frei machen. Indem er sein Denken zu Gott dem Allgegenwärtigen erhebt und sich zugleich in den Kranken hineinfühlt, bewirkt er bei diesem eine „Chemikalisation", wie Mrs. Eddy sagt. „Das menschliche Gemüt des Kranken wird aufgerührt, so daß es seine Grundlage verändert, von welcher aus es nun der Harmonie des göttlichen Gemüts Raum geben kann"[90]). Dann ergibt sich der schöne Erfolg, daß der Kranke zugleich körperich und geistig geheilt wird[91]).

Grundsätzlich gibt es keine Grenze für die Heilkraft der christlichen Wissenschaft. Mrs. Eddy rühmt sich, organische Störungen ebenso leicht beseitigt zu haben, wie funktionelle[92]). Ja, sie träumt bereits von einer Zukunft, wo auch die sogenannten Gesetze der Natur völlig dem Geist untertan sind[93]).

Für die Gegenwart freilich muß sie Schranken anerkennen. Solche liegen schon in der verschiedenen Befähigung der einzelnen Heiler. Was einer zu heilen vermag, hängt von den Fortschritten ab, die er selbst in der Erkenntnis gemacht hat. Und keiner steht immer auf der gleichen Höhe. Wer in einem Fall heilt, kann im andern selbst wieder des Heilers bedürfen. Aber auch das Gesamtmaß der in der Menschheit bis jetzt erreichten Erkenntnis setzt dem Geisteswirken bestimmte Grenzen. Wie es eine Überschreitung wäre, jetzt schon mit Essen und Trinken aufzuhören[94]) oder es mit Totenerweckungen und Meerwandeln zu versuchen[95]), so gilt es beim Heilen, auf die gegebene Unvollkommenheit des Verständnisses Rücksicht zu nehmen. Mrs. Eddy erklärt es selbst für besser, das Einrichten von gebrochenen und verrenkten Gliedern den Händen

[89]) S. 144, 17 ff.; vgl. S. 206, 12; 445, 24. [90]) S. 162, 8 ff.
[91]) S. 375, 19. [92]) S. 149, 26; 162, 8 ff. [93]) S. 125, 11 ff.
[94]) S. 254, 9; 388, 32. [95]) S. 329, 9.

eines Wundarztes zu überlassen, obwohl auch da schon Heilungen auf rein seelischem Wege vorgekommen seien[96]). Denselben Rat gibt sie für die Geburtshilfe. Ja, sie geht noch weiter. Sie läßt selbst eine Hauteinspritzung zu für den Fall, daß weder der christliche Wissenschaftler selbst noch ein Heiler Erleichterung zu schaffen vermöchte[97]).

* * *

Wenn man sich die Eigenart dieser Lehre überlegt, versteht man, daß es Mrs. Eddy nicht leicht wurde, die hierzu passende Gemeinschaftsform zu finden. Ihre anfänglichen Versuche in dieser Hinsicht machen, auf den ersten Blick gesehen, den Eindruck einer gewissen Unbeständigkeit. Nachdem sie im Jahre 1867 in Lynn mit dem Lehren begonnen hatte, meint sie 1875 gleichzeitig mit der Veröffentlichung von Science and Health einen Schritt nach vorwärts tun zu können. Sie legt den Grund zu einer Gemeindebildung. Allein sofort kommt sie in Zwistigkeiten mit ihren Schülern, und darüber zergeht die geplante Kirche. Nur einen losen Verein, die Christian Science association, gelang es ihr im nächsten Jahr (1876) zustande zu bringen.

Bald darauf zeigten sich in Boston bessere Aussichten. Sie hält dort Vorträge, wird auch von einzelnen Denominationen, wie z. B. 1878 von den Baptisten eingeladen, bei ihnen zu predigen. Gleichzeitig findet sie an ihrem dritten Mann — sie hat sich 1877 mit Asa Gilbert Eddy aufs neue verheiratet; seitdem nennt sie sich Mary Baker Eddy — eine kräftige Hilfe. So wagt sie im Jahr 1879 einen neuen Versuch. Sie gründet wiederum eine Kirche, diesmal in Boston; es ist die „Mutterkirche" des Szientismus geworden. Sie selbst wird als Pastor an diese Gemeinde berufen und 1881 in aller Form ordiniert. Daneben errichtet sie im Januar 1881 mit staatlicher Erlaubnis eine Unterrichtsanstalt, das Massachusetts Metaphysical College. Mann und Frau teilten sich

---

[96]) S. 401, 34. [97]) S. 464, 18.

in die Arbeit in der Weise, daß er hauptsächlich den Unterricht im College, sie die Leitung des Gemeindegottesdienstes übernahm.

Allein das Werk kam bald wieder ins Stocken. Wieder gibt es Streitigkeiten mit den Schülern, dann stirbt im Jahr 1882 ihr Mann; das nötigt sie, den Unterricht im Metaphysical College wieder selbst zu übernehmen, aber darunter leidet der Gemeindegottesdienst.

Sie ließ sich jedoch nicht entmutigen. Um für ihre wachsende Anhängerschaft neben der immer noch fortbestehenden Association einen Sammelpunkt zu schaffen, gründet sie 1883 eine Zeitschrift, das Journal of Christian Science. Im nächsten Jahr (1884) entschließt sie sich zu einem Vorstoß in die Mitte des Landes, nach Chicago. Der Erfolg, den sie dort hatte, ermutigte sie, ihren Verein zu einer ganz Nordamerika umspannenden Genossenschaft (National Christian Science Association) auszubauen. Die große Versammlung, die sie im Jahr 1888 wiederum in Chicago abhalten konnte, zeigte, wie weit ihr Einfluß bereits vorgedrungen war.

Aber eben in dem Augenblick, in dem ihre Sache in Schwung kam, trifft sie auffallende Maßnahmen: 1888 löst sie das Metaphysical College, 1890 auch die Gemeinde in Boston auf. Das bedeutete freilich keinen endgültigen Abbruch. Nachdem sie die neue Auflage von Science and Health vollendet hatte, stellte sie im Jahr 1892 die Bostoner Muttergemeinde auf neuer Grundlage wieder her. Diesem Werk, d. h. ihrer Kirche, hat sie in den nächsten Jahren ihre hauptsächliche Aufmerksamkeit gewidmet. — Erst 1899, sieben Jahre nach der Neuordnung der Kirche, hat sie das Metaphysical College wieder eröffnet.

Während dieser Zeit hat sie selbst nicht in Boston gelebt. Sie hat sich 1892 nach New Hampshire zurückgezogen und blieb dort bis 1908. Sie tritt äußerlich nicht mehr so stark hervor wie früher. Sie schreibt nur Artikel in das Journal und schickt Botschaften an die Gemeinde, sie macht dort Besuche und empfängt wieder Abordnungen. Aber tatsächlich leitet sie doch vom Hintergrund aus das Ganze; mit einer Meisterschaft, die Mark Twain grimmig bewunderte. Auch als sie 1908 wieder nach Boston, in die Vorstadt Chestnut Hill, übersiedelte, vermied sie es, sich auch nur den Ihrigen allzu viel zu zeigen. Aber bis zu ihrem Tod, szientistisch gesprochen: bis zu ihrem Verschwinden aus unserer Bewußtseinsebene (3. Dezember 1910), hat sie alle Fäden fest in der Hand gehalten.

Die Schwierigkeiten, die sie auf ihrem Weg zu überwinden hatte, waren nicht nur die gewöhnlichen, die sich jeder neuen Kirchenstiftung entgegenstellen. Ihr erwuchsen gerade aus ihrer Grundanschauung Hemmnisse eigener Art. Was sie vorträgt, betrachtet sie als Wissenschaft. Daraus ergab sich, daß sie zunächst auf eine Schule losstrebte. Aber wo eine Schule ist, da sind immer auch Ketzer. Auch Mrs. Eddy konnte es nicht verhindern, daß ihre Gedanken von andern weitergedacht und mit ähnlichen Anschauungen vermischt wurden. Zumal da nicht lange vorher der Spiritismus aufgekommen war und der Mesmerismus gleichzeitig eine Rolle zu spielen begann. In Kreisen, die davon berührt waren, fand sie naturgemäß ihre ersten Anhänger. Ihr Bestreben war jedoch, ihre eigene Lehre scharf gegen die verwandten Strömungen abzugrenzen, ihr namentlich den rein religiösen Charakter zu wahren. Aber auf diesem Wege mochten ihr nicht alle ihre Schüler folgen. Daran sind ihre ersten Versuche gescheitert. So oft sie es unternimmt, ihre Anhänger zu einer Gemeinde zusammenzufassen, offenbaren sich die vom Mittelpunkt wegstrebenden Kräfte.

Daher fängt sie bei der Neuordnung vom Jahr 1892 die Sache vom andern Ende an. Die Kirche ist jetzt das Erste. Die Schule wird vorläufig weggeräumt, damit sie die Gemeindebildung nicht stört, und erst wieder eröffnet, nachdem die Kirche gesichert ist. Die Verfassung, die Mrs. Eddy dabei dem Szientismus gab, und die Stellung, die sie für sich selbst schuf, hat Mark Twains besonderen Zorn erregt. Er hat sehr scharfsichtig festgestellt, daß der Wortlaut der Verfassung die entscheidende Bedeutung, die Mrs. Eddy sich sicherte, unter lauter harmlos klingenden Bestimmungen versteckt. Nur hatte Mark Twain als Amerikaner im Grund kein Recht, sich darüber zu entrüsten. Denn das Vorbild, das Mrs. Eddy dabei vorschwebte, ist nichts anderes als die nordamerikanische Verfassung; ihre eigene Stellung entspricht der des Präsidenten der Union. Wie in der nordamerikanischen Verfassung unter scheinbar strengster Wahrung der Rechte des Volkes die Diktatur eines Einzelnen aufgerichtet wird, genau so ist es auch bei Mrs. Eddy.

Auch nachdem sie so ihre Kirche fest an ihre Person gebunden hatte, hat Mrs. Eddy noch weitere Vorsorge getroffen, daß keine Ketzerei bei ihren Anhängern entstehen konnte. Nicht nur, daß Mrs. Eddy Science and Health zum kanonischen Buch erklärte, sie verbot auch, daß ein Kommentar dazu geschrieben würde.

Ebenso unterdrückte sie im Gottesdienst jede Möglichkeit eigener geistiger Hervorbringung. Im Gottesdienst wird statt der Predigt nur vorgelesen; teils Bibelabschnitte, teils entsprechende Stellen aus Science and Health, und zwar nach einem von ihr ausgearbeiteten Plan. Auch sonst gibt es kein Amt in ihrer Kirche, das die Vertiefung der Lehre zur Aufgabe hätte, sondern nur Verwaltungsämter oder solche, die es mit der Ausbreitung zu tun haben. Dazu ist jede Einzelgemeinde fest an die Muttergemeinde in Boston angeschlossen.

Der Theologe ist also hier völlig ausgeschaltet; so vollständig, wie es auch die katholische Kirche oder der Islam nicht zu tun gewagt haben.

In dieser straffen Zusammenfassung ist der Szientismus jedoch mächtig gewachsen. Er ist jetzt bereits über alle fünf Weltteile verbreitet. Bemerkenswert ist dabei die soziale Schichtung. Soweit sich erkennen läßt, ist er in protestantischen Ländern stärker verbreitet als in katholischen — dort bieten Lourdes und ähnliche Orte einen Ersatz —, stärker in den mittleren und oberen Ständen als in den unteren und in der Frauenwelt mehr als bei Männern.

* * *

Die Gründe für dieses rasche Aufsteigen sind unschwer zu erkennen.

Das Wirksamste dabei ist ohne Frage das, was Zola den Schrei nach Gesundheit genannt hat. Aber eben weil dieses Verlangen so natürlich, so selbstverständlich ist, bedarf es wohl noch einer genaueren Erklärung, wieso dieser Wunsch gerade in unserer Zeit zu einer großen Kirchenbildung hat führen können. Es genügt nicht, darauf hinzuweisen, daß zu allen Zeiten in gewissen frommen Kreisen Bedenken gegen die Beiziehung eines Arztes bestanden haben oder darauf, daß unsere Zeit vielleicht um den Körper besorgter ist als eine frühere — wenigstens es vor dem Kriege war. Denn das eigentliche Rätsel liegt darin, wie neben einer hochentwickelten ärztlichen Wissenschaft diese Art der Heilung aufkommen konnte. Das wäre völlig unmöglich, wenn der Szientismus nicht tatsächlich Heilungen, und zwar nicht bloß von eingebildeten Krankheiten, zuwege gebracht hätte[98]). Aber das Vorübergehen am Arzt, das die Empfänglichkeit für den Szientismus in sich schließt, legt doch auch eine weitere Frage nahe. Da die Kunst der heutigen Ärzte keinem Zweifel unterliegt, muß man wohl schließen, daß das persönliche Vertrauen zum Arzt als Menschen in der Gegenwart eine Verminderung erfahren hat. Und man kann nicht umhin anzunehmen, daß ein gewisser beliebter Ton unter den Medizinern, das zynische Sichbrüsten mit der materialistischen Weltanschauung, die Schuld daran trägt.

Aber es hieße den Szientismus unterschätzen, wenn man ihn nur auf das natürliche Lebensverlangen zurückführen wollte. Wenn eine Kirchenbildung vorliegt, so müssen auch Antriebe höherer Art drin stecken.

Ich finde sie zunächst in der Vereinfachung des Weltbilds, die der Szientismus bringt. Jede monistische Weltanschauung, sei sie materialistisch oder spiritualistisch entworfen, zieht daraus ihre Kraft.

---

[98]) Vgl. Fr. von Müller, Spekulation und Mystik in der Heilkunde. Münchener Rektoratsrede 1914 S. 36.

Das Bewußtsein, die ganze Welt aus einem einzigen Gesetz erklären zu können, verleiht immer ein gewisses Sicherheits-, ja Überlegenheitsgefühl.

Dazu kommen die hohen sittlichen Kräfte, die der Szientismus weckt[99]). Manchmal, wenn Mrs. Eddy ihr bezauberndes Lied von der alleinigen Wirklichkeit des Geistes singt, meint man Emerson reden zu hören. Tatsächlich besteht zwischen ihnen eine Verwandtschaft, obwohl Mrs. Eddy es bestreitet, von Emerson gelernt zu haben[100]). Die Furchtlosigkeit gegenüber Sünde und Krankheit, die aus dem Gefühl des Geborgenseins in Gottes Liebe entspringt, ist an und für sich schon ein hoher sittlicher Wert. Aber das Verhältnis, in das hier Sittlichkeit und Gesundheit zueinander gesetzt werden, fügt noch einen besonders starken Hebel hinzu. Der Szientist ist in der Lage, seinen eigenen sittlichen Stand jeden Augenblick sozusagen an sich selbst abzulesen. Jede Störung seines Befindens, jede Ängstlichkeit, die ihn überkommt, jede Unsicherheit seines Handelns ist ihm ein Zeichen dafür, daß bei ihm innerlich etwas nicht in der Ordnung sei. Wie andererseits die Überzeugung von der Macht

---

[99]) M. Geiger hat dies seltsamerweise ganz in Abrede gestellt. Er schreibt Südd. Monatshefte 1909 S. 739: „Und noch ein direkter Schaden fließt aus dem Grundprinzip der christlichen Wissenschaft. Es schließt alle Wohltätigkeit aus. Armut ist ja nur ein falscher Glaube . . . Aus dem Pantheismus (!), wie er von der Christian Science aufgefaßt wird, folgt keinerlei ethisches Prinzip. Gott ist die Liebe, wie er Leben und Geist und Wahrheit ist. Aber aus diesem verwaschenen Liebesbegriff ergibt sich keinerlei Stellungnahme zu den praktisch-ethischen Fragen." Derartiges kann man doch nur behaupten, wenn man Liebe mit Wohltätigkeit verwechselt und nicht weiß, welch gewaltige sittliche Kräfte mystische Richtungen zu allen Zeiten aus einem ähnlich „verwaschenen" Liebesbegriff gezogen haben. Und Witze wie den, daß nach der Meinung der Szientisten die Armut ja nur ein falscher Glaube sei, liest man bei Mark Twain ganz gern; in einer Abhandlung, die ernst genommen sein will, wirken sie peinlich.

[100]) Ich muß es mir leider versagen, an dieser Stelle die ganze Umwelt zu schildern, aus der der Szientismus herausgewachsen ist. Er ist jedenfalls in der Entwicklung des amerikanischen Geisteslebens eine höchst bezeichnende Erscheinung, so gut wie auf der andern Seite der Mormonismus. Schade, daß Eduard Meyer sich nicht auch seiner angenommen hat.

der falschen Annahmen es ihm leicht werden läßt, Widerstände bei andern als bloße Mißverständnisse aufzufassen. Das gibt Menschen von großer Selbstzucht und Geschäftstüchtigkeit und zugleich von gewinnendem Wesen[101].

Endlich kommt auch dem Szientismus, in den Großstädten namentlich, zugute, was von jeder Sekte gilt. Diese kleineren Gemeinschaften sind noch wirkliche Brudergemeinden, während unsere großen Kirchen kaum Hörergemeinschaften sind.

Diese Vorzüge lassen den Szientisten leicht auch die Beschwerden ertragen, die ihm der nordamerikanische Geschäftsgeist auferlegt. Die geldlichen Anforderungen an die Mitglieder sind größer, als sie sonst auch in Sekten gestellt zu werden pflegen. Schon daß jeder Szientist Science and Health um teuren Preis erwerben muß, bedeutet eine nicht geringe Belastung. Es ist menschlich sehr verständlich, daß sich dieser Geschäftsgeist vom Ganzen aus leicht auch auf die einzelnen Glieder überträgt. Und dies ist der Zug, der in der Öffentlichkeit mit Recht als besonders anstößig empfunden wird. Aber es muß anerkannt werden, daß jedenfalls innerhalb der deutschen Bewegung ein Bestreben vorhanden ist, dieser Neigung entgegenzuarbeiten.

* * *

Es liegt außerhalt meiner Absicht, hier über den Szientismus ein abschließendes theologisches Urteil abzugeben. Immerhin sei es mir — um Mißgriffe zu verhüten — gestattet, auf ein paar Gesichtspunkte hinzuweisen.

Vor allem: es ist geschmacklos, wenn man dem Szientismus gegenüber hochphilosophisch das Dasein der Materie zu erweisen oder ihn geschichtlich durch Einreihung in die mit Parmenides

[101]) Vgl. das Urteil von Mark Twain S. 214: personally I have not known a Scientist, who did not seem serene, contented, unharassed. I have not found an outsider, whose observation of Scientists furnished him a view that differed from my own. . . . They may have been playing a part with me; I hope they were not and I believe they were not.

und Plato beginnenden Systeme zu beleuchten sucht. Es gilt vielmehr, sich zweierlei klar zu machen:

1. Der Satz, daß Gott die Wirklichkeit ist, ist der Grundsatz jeder echten, keineswegs der entarteten Religion. Dieser Satz hat zu seiner gedanklichen Umdrehung den andern, daß also die Welt ein Schein ist. Gerade die höchsten Vertreter der Religion haben immer diese Behauptung gestreift. Nicht nur aus neuplatonischen mystischen nnd buddhistischen Schriften, sondern aus Altem und Neuem Testament ließen sich genug Worte anführen, die besagen daß die Welt vor Gott nur Rauch und Dampf ist. Ernsthaft will freilich keine Religion (vom Buddhismus abgesehen) diese Folgerung ziehen. Man greift dann, um die Wirklichkeit Gottes und di Wirklichkeit der Welt gleichzeitig festhalten zu können, zu Ausdrücken wie den, daß es eine höhere Wirklichkeit über der gemeinen, eine eigentliche hinter der sinnenfälligen oder daß es Stufen des Seins gebe u. ä. Gedankenmäßig angesehen, sind das lauter Notbehelfe. Der Begriff des Seins erlaubt keine Steigerung: entweder ist etwas oder ist es nicht; entweder ist es wirklich oder ist es unwirklich.

2. Wenn Mrs. Eddy jene Folgerung unerschrocken zieht, so tut sie das freilich nicht aus Freude an der Reinlichkeit des Denkens, sondern aus andern durchsichtigen Gründen. Wer einen andern zur Inangriffnahme einer schwierigen Aufgabe ermutigen will, muß ihm sagen, daß die Sache, bei Licht betrachtet, leicht sei; wer ihm die Ängstlichkeit benehmen will, muß ihm versichern, daß keine Gefahr vorliege. Diese einfachen Grundsätze der Erziehungskunst hat Mrs. Eddy angewendet. Ihre Urteile, daß das Böse und die Krankheit nur ein Schein seien, wollen zuletzt nichts anderes ausdrücken, als daß diese Zustände nicht das Gottgewollte und daß sie darum überwindlich seien. Es handelt sich also um eine Verkürzung der Weltanschauung, die aus praktischen Gründen erfolgt ist.

Aber auch wenn man nun in die praktisch-religiöse Haltung selbst eindringt, ist es nicht einfach, dem Szientismus vom allgemein-christlichen oder vom allgemein-religiösen Boden aus beizukommen. Die tiefften Gedanken des Christentums fallen allerdings auf einem Standpunkt weg, wo man die Zuversicht des Menschen nur auf die Tatsache gründen will, daß er von Gott erschaffen ist. Insbesondere der evangelische Christ wird sich darum von der Christian Science wie durch einen Abgrund getrennt fühlen. Aber für den Richter kommt das nicht in Betracht. Und sowie man über jenes Innerste hinausgeht, wird das Urteil unsicher. Man möchte aus der Grundanschauung des Szientismus folgern, daß hier auch der ganze religiöse Gedankenkreis keine Stelle hätte, der die Wirklichkeit der körperlichen Welt voraussetzt: die Gedanken also, daß der Mensch von Gott in eine Ordnung hineingestellt ist, in die er sich zu fügen hat, die Auffassung des Leidens als eines Erziehungsmittels oder als einer Strafe, der Gedanke der strafenden Gerechtigkeit Gottes, die Pflicht der Geduld, der Ergebung, der Demut usw. Aber dem steht die Tatsache gegenüber, daß Mrs. Eddy in Science and Health von all diesen Dingen und teilweise sogar sehr schön zu reden weiß[102]). Es mag eingewendet werden, daß das bei Mrs. Eddy

[102]) Ich führe als Beleg nur einige Stellen aus Science and Health wörtlich an. S. 5, 8ff. „Zu diesem Zweck (sc. damit wir gebessert werden) werden wir unter den Druck der Umstände gestellt. Die Versuchung heißt uns das Vergehen wiederholen und Leid trifft uns als Entgelt für das, was wir getan haben. So wird es immer sein, bis wir einsehen, daß es im Gesetz der Gerechtigkeit keinen Erlaß gibt, sondern daß wir den letzten Heller bezahlen müssen." S. 22, 24: „Liebe eilt nicht, uns aus der Versuchung zu befreien; denn Liebe will, daß wir geprüft und geläutert werden sollen". S. 425, 32: „Du wirst nie mehr etwas anderes fürchten, als Gott zu erzürnen". S. 36, 5: „Die göttliche Wissenschaft zeigt die Notwendigkeit hinreichenden Leidens an, sei es vor oder nach dem Tode, um die Liebe zur Sünde auszulöschen. Die der Sünde gebührende Strafe erlassen, würde für „Wahrheit" bedeuten, den Irrtum zu verzeihen. Der Strafe entrinnen, steht nicht im Einklang mit der Regierung Gottes; denn die Gerechtigkeit ist die Gehilfin der Barmherzigkeit". S. 66, 10: „Leid ist heilsam. Durch große Trübsal kommen wir in das Reich Gottes. Prüfungen sind Beweise von der Fürsorge Gottes". S. 323, 7: „Die heilsamen Züchtigungen der Liebe fördern uns auf dem Wege zur Gerechtigkeit, zum Frieden und zur Reinheit, welche die Marksteine der Wissenschaft sind". — S. 1, 11: „Ver-

nur ein Rest ihrer christlichen Erziehung sei, der mit ihrer Grundauffassung schlecht zusammenstimme. Das trifft wohl zu. Aber diese Dinge stehen nun einmal in der Bibel der Szientisten und eine gewisse Verbindung mit dem Ausgangspunkt läßt sich herstellen. Daher wirken sie auch auf die praktische Haltung ein.

Ich glaube darum, der Richter wird gut tun, grundsätzliche religiöse Auseinandersetzungen mit dem Szientismus überhaupt zu vermeiden und sich an den Punkt zu halten, der rechtlich allein faßbar ist und an dem auch der Szientist sich nicht vergewaltigt fühlen kann: Grenzen der „Erkenntnis“ gesteht auch der Szientismus — jedenfalls in der Gegenwart — zu, sowohl für den Einzelnen als auch für die Gesamtheit. Daraus folgt aber für den Heiler die Pflicht, sich seiner Grenzen bewußt zu bleiben, zumal da er sich für sein Gebet bezahlen läßt. Die Berufung darauf, daß jeder Arzt Versuche anstellen müsse und daß solchen Versuchen jährlich Hunderte zum Opfer fallen, trifft nicht zu. Denn der Arzt ist verpflichtet, bei einem derartigen Versuche den Kranken auf die Gefährlichkeit des Unternehmens aufmerksam zu machen. Der szientistische Heiler könnte sich dieser Forderung nur dann entziehen, wenn jeder Einzelne als im Besitz der gleichen, unbegrenzten Kräfte kindlich betrachtet würde. Da das nach der eigenen Auffassung des Szientismus nicht zutrifft, kann der Einzelne mindesten genötigt werden, die anerkannten Vorsichtsmaßregeln bei der Behandlung anzuwenden.

* * *

Eine wesentlich von der vorstehenden abweichende Auffassung des Szientismus hat K. Beth in den „Therapeutischen Monatsheften“ 30. Jahrgang. Januar 1916 vorgetragen. Beth macht dort den

---

langen ist Gebet; und kein Verlust kann uns daraus erwachsen, daß wir Gott unsere Wünsche anheimstellen, damit sie gemodelt und geläutert werden möchten, ehe sie in Worten und Taten Gestalt annehmen“. S. 10, 3: „(Beten heißt) . . . dem Herrn die Erfüllung unserer wirklichen Wünsche anheimstellen, während wir geduldig seiner harren“. S. 10, 33: „Es ist nicht immer gut für uns, das zu empfangeu, war wir begehren und erbitten. In solchem Fall wird die unendliche Liebe die Bitte nicht gewähren“.

Versuch, den Szientismus als Atavismus, als Rückfall in primitive, genauer indianische Anschauungen darzustellen. Seine Ausführungen haben indes in mir nur den Zweifel geweckt, ob er Science and Health oder eine andere von Mrs. Eddys Schriften sich überhaupt angesehen hat. Sonst hätte er unmöglich Mrs. Eddys Auffassungen von Sünde und Krankheit mit denen der Dakota über den göttlichen Lebensstoff, das Wakonda, auf eine Stufe stellen können. Beides ist so verschieden voneinander wie ein christlicher Theismus vom religiösen Glauben der Naturvölker. Womöglich noch unglücklicher ist der Einfall, das zurückgezogene Leben, das Mrs. Eddy in den Jahren nach 1866 führte, mit dem Aufsuchen der Einsamkeit durch die Shamanen zu vergleichen. Wenn Beth schließlich, seinen Gedanken bis zu Ende verfolgend, die Frage aufwirft, „ob Frau Eddy wirklich unter ihren Vorfahren Indianer zählt, oder ob lediglich die enge kulturelle Berührung zu dieser Neubelebung der primitiven Lebensauffassung geführt hat", so hätte er sich über beides leicht unterrichten können. In Retrospection and Inspection p. 1 f. hat Mrs. Eddy ihren Stammbaum genau angegeben. Man sieht daraus, daß nicht ein Tröpfchen Indianerblut, sondern reinstes schottisches und englisches Blut in ihren Adern floß. Ebensowenig hat sie, die in den Neu-England-Staaten Lebende, jemals mit Indianern oder deren Abkömmlingen „in enger kultureller Berührung" gestanden. Oder sind Concord, Lynn und Boston Indianerdörfer?

Druck von C. Schulze & Co. G. m. b. H. Gräfenhainichen.

FSC
www.fsc.org
MIX
Papier | Fördert
gute Waldnutzung
FSC® C083411

Kolibri 360 GmbH
Ferdinand-Jühlke-Straße 7
99095 Erfurt, Deutschland
produktsicherheit@kolibri360.de